¡Sé las reglas!

¡AYUDO LIMPIAR!

Por Bray Jacobson

Gareth Stevens
PUBLISHING

Please visit our website, www.garethstevens.com. For a free color catalog of all our high-quality books, call toll free 1-800-542-2595 or fax 1-877-542-2596.

Library of Congress Cataloging-in-Publication Data

Names: Jacobson, Bray, author.
Title: ¡Ayudo limpiar! / Bray Jacobson.
Description: Buffalo, New York : Gareth Stevens Publishing, [2024] |
   Series: ¡Sé las reglas! | Includes index.
Identifiers: LCCN 2022051454 (print) | LCCN 2022051455 (ebook) | ISBN
   9781538290828 (Library Binding) | ISBN 9781538290811 (Paperback) | ISBN
   9781538290835 (eBook)
Subjects: LCSH: Cleaning–Juvenile literature.
Classification: LCC TX324 .J33 2023 (print) | LCC TX324 (ebook) | DDC
   648–dc23/eng/20221115
LC record available at https://lccn.loc.gov/2022051454
LC ebook record available at https://lccn.loc.gov/2022051455

Published in 2024 by
Gareth Stevens Publishing
2544 Clinton Street
Buffalo, NY 14224

Copyright © 2024 Gareth Stevens Publishing

Designer: Claire Wrazin
Editor: Kristen Nelson
Translator: Michelle Richau

Photo credits: Cover, p. 1 Pixel-Shot/Shutterstock.com; p. 5 Lukassek/Shutterstock.com; pp. 7, 9 wavebreakmedia/Shutterstock.com; p. 11 JOKE_PHATRAPONG/Shutterstock.com; p. 13 MNStudio/Shutterstock.com; pp. 15, 17 Evgeny Atamanenko/Shutterstock.com; pp. 19, 21 ezhenaphoto/Shutterstock.com; p. 23 sivilla/Shutterstock.com; p. 24 (left) otnaydur/Shutterstock.com; p. 24 (middle) Yuganov Konstantin/Shutterstock.com; p. 24 (right) donatas1205/Shutterstock.com

Printed in the United States of America

CPSIA compliance information: Batch #CSGS24: For further information contact Gareth Stevens, at 1-800-542-2595.

Find us on

Contenido

Ayudo limpiar.
Es una regla de la
escuela.

Lucas pinta durante la clase de arte.
Él usa muchos colores.
¡Es un desorden!

Lucas ayuda limpiar.
Él se lava las manos.
Él ordena las pinturas.

Trish toma libros del estante.
Ella los lee.
Ella los pone de nuevo.

Ayudo limpiar en casa.

13

Abuelita y Kelvin hornearon las galletas.

Ellos lavaron los platos.
Ellos pasaron un trapo
por la encimera.
¡Limpiaron juntos!

Joannie jugó con los bloques.
Ella hizo una torre.

19

Ella ordenó sus bloques.
¡Ella limpió!

¿Cómo puedes ayudar limpiar?

Palabras clave

platos

pinturas

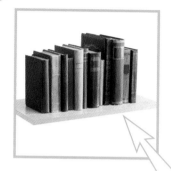

estante

Índice